인터넷을
사용하고 싶거나   사용하고 있는
친구들에게

인터넷은 주로
궁금한 게 생기거나 동영상이 보고 싶을 때 이용해!
하지만 인터넷을 사용하다 보면
돈을 뺏기거나 나쁜 일에 엮일 수도 있지!
이 책에 담긴 퀴즈를 모두 풀고 익힌다면
인터넷을 안전하게 즐길 수 있을 거야.
자 그럼, 재밌는 퀴즈 풀기 시~작!

등장 인물

인타

친구들이 척척박사라고 부를 만큼 똑똑함. 퀴즈 프로그램을 무척 좋아하는 초등학교 4학년생.

타오

혼자 넘어지거나 옷을 거꾸로 입는 등 조금 덜렁거리는 성격. 상냥하고 친구를 좋아함.

네코

활달한 성격으로, 체육 시간과 점심시간을 좋아함. 급식은 매일 두 번씩 먹음. 인타, 타오와 유치원 때부터 친구.

지하인들

인터넷 퀴즈 세계를 안내해 줄 "푸"와 친구들. 모두 의외로 친절함.

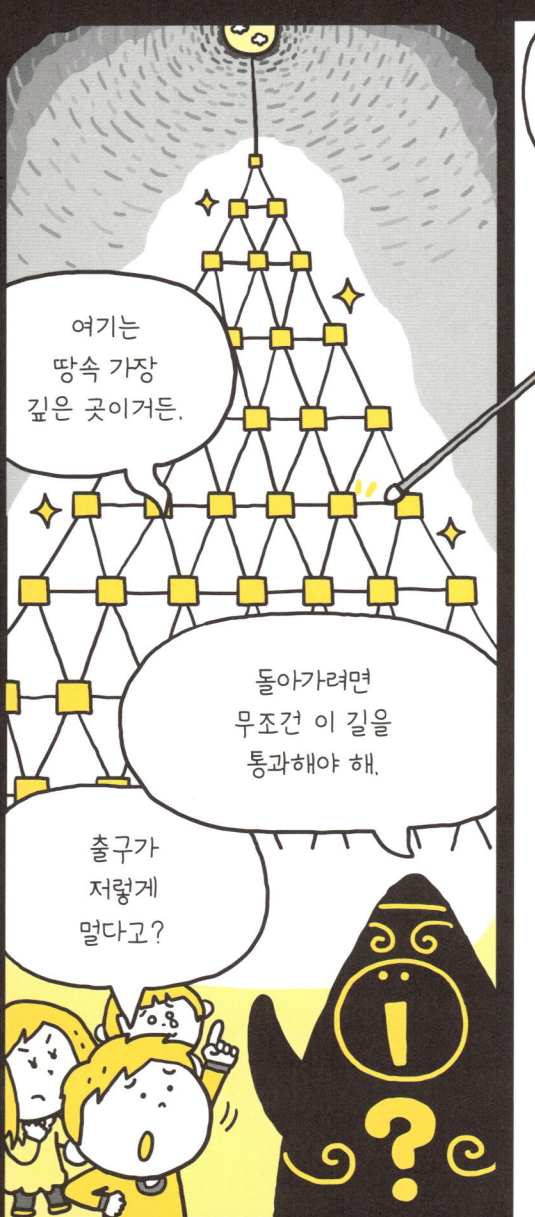

정답은…

걱정하지 마! 이번엔 특별히 가르쳐 줄게.

옳은지 틀린지 판단하는 일은 정말 어려워.

퀴즈의 정답을 맞히면 네모 상자 안에 ✓ 표시를 해!

문제를 모두 푼 다음, 120쪽에서 내가 인터넷에 대해 얼마나 알고 있는지 확인해 봐!

✗ 틀린 정보도 있어.

어른들도 모를 때가 있어!

인터넷에 올라온 정보는 개인의 의견인 것도 많아. 그것이 올바른지 아닌지는 어른들도 판단하기 어렵지. 그래서 **정보의 출처***를 확인하는 것이 중요해. 올바른 정보를 얻고 싶다면 국가나 학교, 공공 기관, 기업 등의 공식 사이트에서 정보를 확인하는 것을 추천해!

* **출처** 사물이나 말 등이 생기거나 나온 근거.

💡 정보의 출처를 확인하는 습관을 길러야 해!

휴, 다행이다.

좋아! 퀴즈는 얼마나 되는데?

차례

- ? 😊 인터넷에는 관리자가 있을까? 17
- ? 😖 인터넷에 올라온 정보들은 모두 사실일까? 21
- ? 😮 구글과 네이버는 무엇일까? 23
- ? 😐 올바른 검색 방법은 무엇일까? 25
- ? 😊 인터넷은 어떻게 연결할까? 27
- ? 😊 집 밖에서 인터넷을 사용하려면? 29
- ? 😖 인터넷과 연결되어 있지 않은 상태란? 31
- ? 😐 눈이 덜 피로해지는 스마트폰 사용법은? 33
- ? 😮 불법 다운로드란? 35
- ? 😮 '동영상 공유 사이트'란? 39
- ? 😐 인터넷 검색 사이트란? 41
- ? 😊 어린이용 스마트폰이란? 43
- ? 😮 불법 업로드란? 45

1 인터넷의 기본

인터넷의 기본에 대해 알려 줄게.

같이 가~
기다려~

- 친구에게 메시지를 보낼 때 실수하지 않으려면? 47
- 직접 만나는 것과 메시지 주고받기 중 친구와 더 사이좋게 지낼 수 있는 방법은? 49
- 중고거래 앱이란 무엇일까? 51
- 개인 정보란 무엇일까? 53
- 화면이 클수록 눈이 편할까? 55
- 개인 정보가 유출되면 어떻게 될까? 61
- SNS에서 친구가 되면 위험한 사람은? 65
- SNS에 업로드하면 안 되는 사진은? 67
- SNS에도 왕따가 있을까? 71
- 패스워드는 어떻게 만들어야 할까? 73
- 빨리 답장하지 않으면 미움을 받을까 걱정하는 것은? 75
- 몇 살부터 SNS를 이용할 수 있을까? 77

다음은 SNS에서의 규칙이야!

2 SNS에서의 규칙과 매너

- ? 😐 잃어버린 스마트폰을 찾으려면? 81
- ? 😲 안 좋은 내용의 댓글을 뭐라고 할까? 83
- ? 😰 컴퓨터와 스마트폰이 병에 걸렸다!? 87
- ? 😊 동영상 공유 사이트는 모두 진짜일까? 89
- ? 😲 게임 아이템을 마음대로 사도 괜찮을까? 91
- ? 😊 자전거를 타면서 스마트폰을 사용해도 괜찮을까? 95
- ? 😲 SNS에서 누군가가 나에게 사진을 보내달라고 한다면? 97
- ? 😐 유해 사이트를 차단하는 것을 무엇이라고 할까? 101
- ? 😲 자기 전 스마트폰을 사용하면 어떻게 될까? 103
- ? 😐 개인 정보가 유출되기 쉬운 것은? 105
- ? 😐 '바이러스에 감염됐다.'는 무슨 말일까? 107
- ? 😊 위치 정보 게임을 할 때 주의할 점은? 109
- ? 😲 '피싱'이란? 111
- ? 😐 스팸 메시지를 받으면 어떻게 해야 할까? 115
- ? 😰 스마트폰이 자꾸만 신경 쓰인다면? 117

3 인터넷과 게임에 관한 문제

어려운 인터넷 용어 14
인터넷을 사용할 수 있는 기기 19
인터넷이란? 20
업로드와 다운로드할 때 지켜야 할 3가지 약속 37
스마트폰 때문에 시력이 나빠진다고? 57
저작권이란 뭘까? 69
초상권이란 뭘까? 70
인터넷과 관련된 문제들로부터 나를 지키려면? 85
사이버 폭력이란? 86
유료 게임 아이템 결제 전 지켜야 할 3가지 약속 93
유료 결제 아이템 사도 될까? 94
SNS에서 지켜야 할 5가지 안전 규칙 99
나의 인터넷 지식 수준을 확인해 봐! 120

😲 이렇게 해도 될까? 안 될까?
업로드와 다운로드 38
업로드해도 되는 사진은? 63, 64

😱 오싹오싹 실제 사건
눈 건강 편 58
SNS 편 100
피싱 사기 편 113
스팸 메시지 편 114

내가 자세히 알려 줄게!

꼭 알아야 할 덧글

먼저 이곳에서 어려운 인터넷 용어를 익혀 보자!

어려운  인터넷 용어

인터넷
전 세계의 정보를 주고받을 수 있도록 연결된 네트워크. 줄여서 '넷'이라고 부르기도 함.

SNS
인터넷에서 다른 사람과 교류할 수 있는 서비스. 페이스북, 인스타그램 등이 있음.

개인 정보
이름, 생년월일, 주소, 전화번호 등 개인이 누구인지 확실하게 알 수 있는 정보.

사이트
인터넷에 공개된 정보(문서)들의 집합체.

업로드
스마트폰 또는 컴퓨터를 이용해 SNS나 게시판 같은 곳에 사진 등의 데이터를 보내는 것.

패스워드
이용하는 사람이 본인임을 증명하는 비밀 암호. 누구에게도 알려 주면 안 됨.

Wi-Fi(와이파이)
스마트폰 또는 태블릿 PC 등을 이용해 인터넷을 무선으로 사용할 수 있게 하는 기술.

다운로드
인터넷에 업로드된 영상이나 사진, 음악 등의 데이터를 자신의 스마트폰 또는 컴퓨터로 복사하는 것. 다른 말로 '내려받기'라고 함.

스팸 메시지
모르는 사람에게서 일방적으로 온 메시지나 메일. 주로 광고나 사이트 가입을 권하는 내용임.

좋아! 준비 끝!

인터넷의 기본

인터넷을 즐겁게 사용하기 위해서는
먼저 기본 규칙과 매너를 배워야 해!
사실 어른들도 잘 모르는 경우가 많으니
엄마나 아빠와 함께 퀴즈를 푸는 것도 좋아!
가족 모두가 인터넷의 기본에 대해
배울 수 있는 좋은 기회가 될 거야.
자 그럼, 퀴즈 시~작!

Q1.

난이도 ★

인터넷에는
전 세계의 정보를 관리하는
관리자가 있다.

정답은…

인터넷에 학교를 관리하는 교장 선생님 같은 사람은 없어.

인터넷에 관리자는 없어!

책임감을 갖고 개인 정보를 관리하며 즐겁게 이용하자!

인터넷에는 문제가 생겼을 때 상담하고, 해결해 줄 선생님 같은 사람은 없어. 우리는 인터넷을 통해 전 세계와 연결되어 있어. 이 말은 **내 정보가 전 세계에 노출될 위험**도 있다는 뜻이지. 그렇기 때문에 **개인 정보는 책임감을 가지고 스스로 관리**해야 해!

 전 세계에서 약 40억 명이 인터넷을 사용하고 있어. 너도 그중 한 명이야!

인터넷을 사용할 수 있는 기계들이야!

손에 들고 다닐 수 있는 무선 전화기.

휴대폰

개인이 사용하는 컴퓨터. 데스크톱, 노트북이 있음.

PC

터치스크린이나 펜을 사용하는 휴대용 PC.

태블릿 PC

컴퓨터로 할 수 있는 여러 기능을 추가한 휴대폰.

스마트폰

인터넷에 연결해 온라인 게임을 할 수 있는 기기.

온라인용 게임기

인터넷은 전 세계에 뻗어 있는 그물망이야!

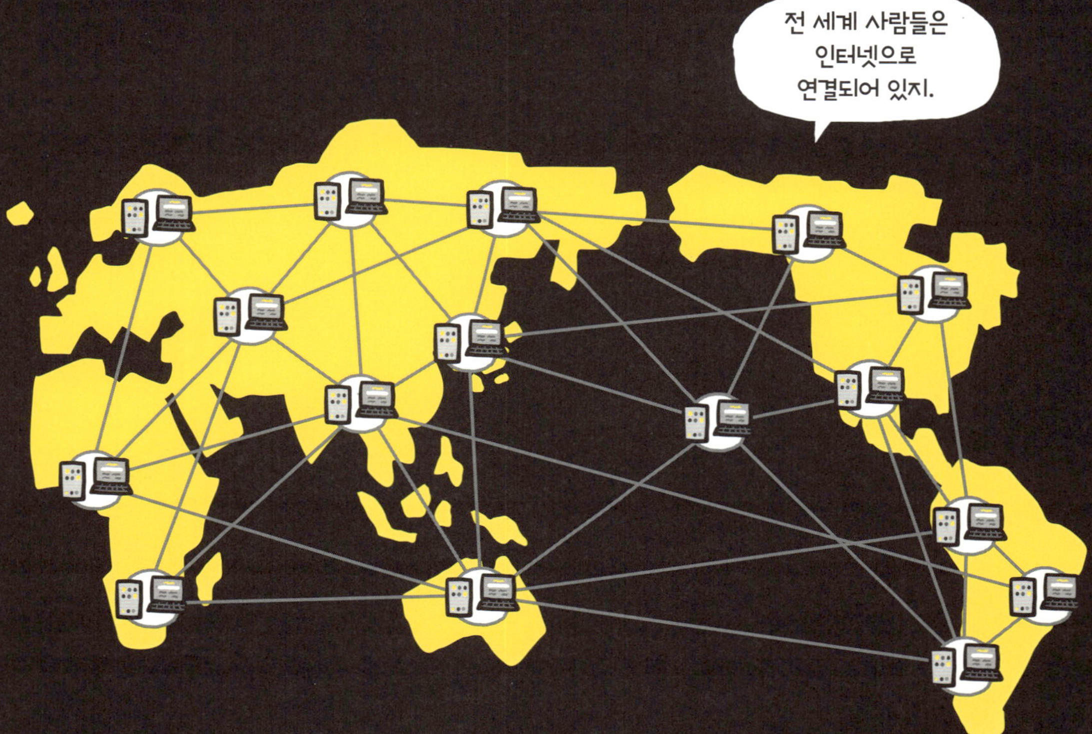

전 세계 사람들은 인터넷으로 연결되어 있지.

컴퓨터들이 서로서로 연결되어 정보를 교환할 수 있는 통신망을 인터넷이라고 해.

Q2.

난이도 ★

인터넷에 올라온 정보는 모두 옳다.

정답은...

옳은지 틀린지 판단하는 일은 정말 어려워.

✗ 틀린 정보도 있어.

어른들도
모를 때가 있어!

인터넷에 올라온 정보는 개인의 의견인 것도 많아. 그것이 올바른지 아닌지는 어른들도 판단하기 어렵지. 그래서 **정보의 출처*를 확인하는 것이 중요**해. 올바른 정보를 얻고 싶다면 국가나 학교, 공공 기관, 기업 등의 공식 사이트에서 정보를 확인하는 것을 추천해!

출처 사물이나 말 등이 생기거나 나온 근거.

 정보의 출처를
확인하는 습관을 길러야 해!

Q3.

난이도 ★

구글과 네이버는 어떤 사이트일까?

A 검색 사이트

B 백과 사전 사이트

C 척척박사가 운영하는 사이트

정답은…

전 세계적으로는 구글, 우리나라에서는 네이버를 많이 이용해.

A 검색 사이트

궁금한 것을 검색할 수 있는 사이트

검색하고 싶은 것이 있을 때에는 구글이나 네이버 등 **검색 사이트를 이용하면 편리**해. 이처럼 키워드를 입력하면 관련 사이트를 찾아 주는 프로그램을 **'검색 엔진'**이라고도 불러. 기억해 두면 좋겠지?

 구글을 이용해 검색하는 것을 '구글링'이라고 불러. 부모님이나 친구들이 '구글링'이라는 단어를 쓰는 걸 들어 본 적 있지?

Q4.

난이도 ★

'사과'와 '주스'가 포함된 정보를 검색할 때 '사과'와 '주스' 사이에 무엇을 넣어야 할까?

A 스페이스 바를 눌러 공백을 넣는다.

B '얼음'을 넣는다.

C '우유'를 넣는다.

정답은…

키워드는 2개, 3개, 4개여도 괜찮아!

A 스페이스 바를 눌러 공백을 넣는다.

우선 기본적인 검색 방법을 익히자!

두 개의 검색어 사이에 스페이스 바를 눌러 공백을 입력하면, 두 개의 검색어가 포함된 정보를 검색할 수 있어. 이게 기본 검색법이야.

여기! 사과 주스!

그거 아니거든~

 검색하고 싶은 키워드가 3개인 경우엔 연달아 쓰면 돼. '사과 주스 맛있다'처럼 말이야.

Q5.

난이도 ★

집에서 인터넷을 사용하려면 어떻게 해야 할까?

A
인터넷 이용 자격 시험에 합격한다.

B
인터넷 서비스 회사와 계약한다.

C
공중에 떠 있는 인터넷 신호를 이용한다.

정답은… B

인터넷을 사용하려면 돈을 내야 해.

인터넷 서비스 회사와 계약한다.

인터넷은 공짜가 아니야! 계약을 하고 돈을 내야만 사용할 수 있어!

인터넷은 서비스를 제공하는 회사에 **가입하고 비용을 내야만 사용**할 수 있어. 그러니 **어른들의 도움**을 받아야 하지. 또 초등학생에게는 인터넷을 이용할 때 필요한 기기를 구입하는 일도 어려우니까 인터넷을 사용해야 한다면 어른들에게 이야기하자!

 휴대폰과 스마트폰은 이동 통신 회사를 통해 계약해. 그래서 집 안에서도 밖에서도 데이터로 인터넷을 사용할 수 있지.

Q6.

난이도 ★

집 밖에서도 무선 인터넷을 사용할 수 있는 곳을 뭐라고 부를까?

A
와이파이 주
(Wi-Fi Zoo)

B
와이파이 순
(Wi-Fi Soon)

C
와이파이 존
(Wi-Fi Zone)

정답은... C

커피숍이나 편의점에서도 와이파이를 사용할 수 있어.

와이파이 존(Wi-Fi Zone)

무척 편리하지만 주의해서 사용해야 해!

와이파이를 제공하는 와이파이 존은 곳곳에서 볼 수 있어. 매우 편리하지만, **스마트폰으로 접속하면 그 속에 있는 정보를 해킹*당할 위험성**도 있지. 그러니 와이파이 존을 이용할 때는 더 안전한 **아이디와 패스워드를 입력하는 방식을 사용**하자!

와이파이 존을 이용하기가 망설여진다면 집으로 돌아가서 인터넷을 하는 것도 좋아.

해킹 다른 사람의 컴퓨터 시스템에 무단으로 침입해 데이터와 프로그램을 없애거나 망치는 일.

 접속할 때 전화번호, 성별 등을 입력하거나 광고를 시청하면 안전하게 무선 인터넷을 이용할 수 있는 와이파이 존도 있어!

Q7.

난이도 ★

인터넷에 연결된 상태를 '온라인'이라고 해. 그렇다면 연결되지 않은 상태는 뭐라고 할까?

A 아웃라인

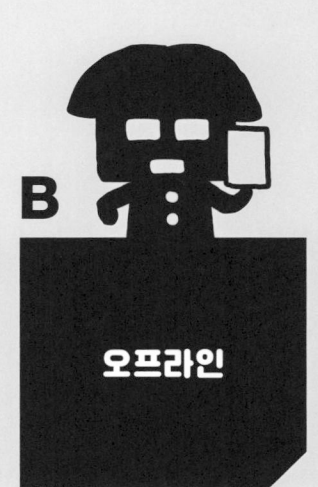

B 오프라인

C 노라인

정답은…

B

 몇몇 게임이나 앱은 인터넷에 연결하지 않아도 즐길 수 있어.

오프라인

온라인, 오프라인이라는 단어를 알아 두렴!

예를 들어 메일을 보내고 싶을 때, 내용은 **오프라인 상태**에서도 입력할 수 있어. 하지만 메일을 전송할 때는 **인터넷이 연결된 온라인** 상태여야 하지. 오프라인에서 할 수 있는 작업은 어디서나 가능하지만, 온라인에서만 가능한 작업은 반드시 인터넷이 연결된 장소에서 해야 한다는 얘기야.

 집 밖에서 데이터를 사용해 인터넷에 오래 접속하면 요금을 더 내야 할 수도 있어. 집 안에 설치한 와이파이를 사용했다면 걱정하지 않아도 돼!

Q8.

난이도 ★

스마트폰, 태블릿 PC를 볼 때 의사 선생님이 권하는 얼굴과 화면 사이의 간격은 어느 정도일까?

A 돋보기로 무언가를 볼 때와 같은 간격

B 책을 읽을 때와 같은 간격

C TV를 볼 때와 같은 간격

정답은...

 가급적 거리를 두고 스마트폰을 보렴!

B 책을 읽을 때와 같은 간격

스마트폰이나 태블릿 PC를 얼굴 가까이에 두고 보면 안 돼!

스마트폰을 얼굴과 **약 30cm 정도 떨어진 곳**에 두고 사용해야 해. **책을 읽을 때도 책과 얼굴을 30cm 정도** 떨어트리도록 권한다고 해. 또 오랜 시간 동안 화면을 바라보면 눈이 피로해지니까 **30분 정도 사용했다면 10분 정도는 휴식**을 취하는 게 좋아!

30cm 정도가 적당해.

 스마트폰을 손에 들고 보면 점점 눈에 가까이 가져가게 되니까, 거치대에 두고 보는 것이 좋아!

Q9.

난이도 ★

좋아하는 가수를 응원하기 위해 무료로 음악을 다운로드한다.

정답은…

 무료로 다운로드받을 수 있는 음악은 그렇게 많지 않아.

하면 안 돼!

가수를 응원하고 싶다면 돈을 내고 음악을 다운로드해야 해!

인터넷의 무료 음악 다운로드 사이트 중에는 불법인 곳들이 많아. 법적으로 허가받지 않은 사이트에서 노래를 무료로 다운로드하는 것을 '불법 다운로드'라고 해. **이런 행동을 하면 가수에게 수익이 정당하게 돌아가지 않아. 그러니 가수를 응원하는 일도 아니지.** 불법 다운로드는 너를 포함한 많은 사람들을 슬프게 하는 일이니까 절대 해서는 안 돼!

 용돈으로 좋아하는 가수의 CD를 구입하는 것도 그 가수를 응원하는 방법 중 하나야!

업로드, 다운로드할 때 지켜야 할 3가지 약속

다른 사람이 찍힌 사진은 마음대로 업로드하지 않기

나와 함께 다른 사람이 사진에 찍혔다면 누군지 알아볼 수 없도록 수정하는 것이 좋아.

공식 사이트에서 다운로드하기

우아 ♪

무료 다운로드 사이트는 불법인 곳이 많으니 공식 사이트를 이용하는 게 안전해.

애니메이션 캐릭터 이미지 업로드하지 않기

캐릭터 이미지를 나의 SNS 프로필에 마음대로 사용하지 않는 것이 좋아.

이런 업로드와 다운로드, 괜찮을까? 안 괜찮을까?

SNS에 좋아하는 가수의 노래 가사 업로드하기

SNS에 노래 가사 전체 또는 일부를 마음대로 업로드하는 것은 불법이야!

SNS에 책의 내용을 그대로 찍어 업로드하기

다른 사람이 쓴 책을 마음대로 업로드하지 말자!

공식 사이트에서 다운로드한 음악을 친구와 함께 듣기

합법적으로 다운로드해 음악을 즐긴다면 좋아하는 가수도 기뻐할 거야!

Q10.

난이도 ★

동영상 공유 사이트란 인터넷에 업로드한 동영상을 다른 사람들도 볼 수 있게 하는 서비스다.

정답은...

대표적 동영상 공유 사이트 유튜브에 동영상을 올리는 사람을 '유튜버'라고 불러.

전 세계 사람들이 볼 수 있어!

유튜브같이 전 세계 동영상을 즐길 수 있는 서비스지

동영상 공유 사이트는 **게시자와 시청자가 동영상을 공유할 수 있는 사이트**야. 전 세계 동영상이 한데 모여 있어서 재미있지만 그중에는 어린이가 보면 안 되는 폭력적인 동영상들도 있어. **의심스럽거나 위험해 보이는 것들은 바로 어른들께 알려야 해.**

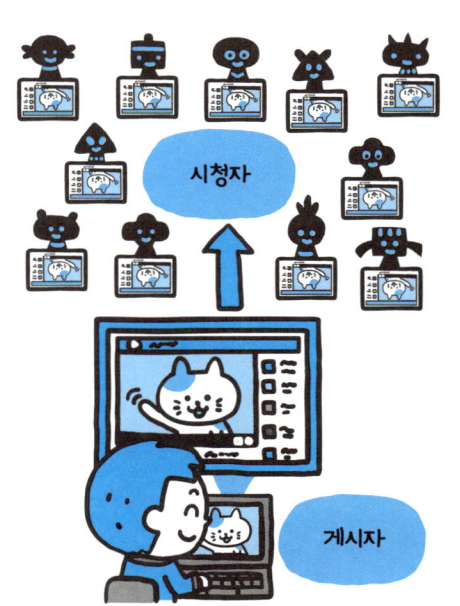

 동영상 처음, 중간, 끝에 나오는 광고 중에는 유해하거나 선정적인 것들도 있어. 만약 그런 광고가 나온다면 어른들에게 꼭 이야기하자.

Q11.

난이도 ★★

검색했을 때 가장 위에 보이는 사이트는 어떤 사이트일까?

A 좋은 사이트

B 좋지 않은 사이트

C 좋은 사이트인지 아닌지 알 수 없다.

정답은…

가장 위쪽에 보이면 좋은 사이트라고 생각하기 쉽지….

C 좋은 사이트인지 아닌지 알 수 없다.

이상한 사이트도 많으니까 주의해!

검색했을 때 가장 위쪽에 뜬다고 꼭 좋은 내용을 담고 있거나 안전한 사이트는 아니야. 의심스러운 사이트나 거짓 정보를 제공하는 사이트도 많기 때문에 잘 모르겠을 때에는 어른들의 도움을 받도록 하렴!

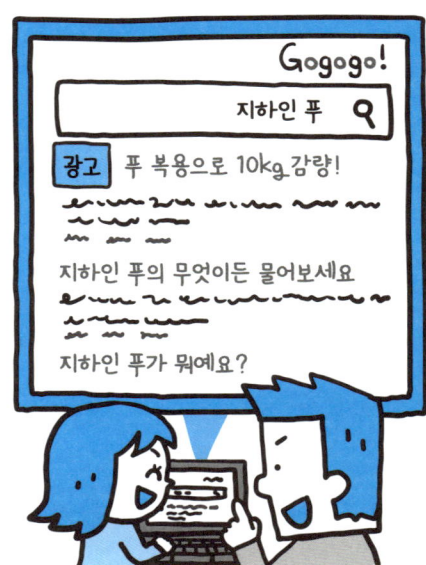

 키워드를 검색했을 때 위쪽에 뜨는 사이트의 앞뒤에 '광고'라는 문구가 붙어 있으면 해당 회사가 가장 위쪽에 사이트가 보이도록 돈을 낸 거야.

Q12.

난이도 ★★

다음 중 어린이가 어린이용 스마트폰에서 마음대로 할 수 없는 것은?

A 문자 메시지 주고받기

B 통화하기

C 유해한 사이트와 앱 접속하기

정답은...

 어린이용 스마트폰은 어른이 계약해 주어야 해!

C 유해한 사이트와 앱 접속하기

부모님의 관리를 받으며 스마트폰을 사용해야 해!

어린이용 스마트폰은 보호자가 동의한 기능만 사용할 수 있는 스마트폰이야. 아이들이 안전하게 스마트폰을 사용할 수 있도록 **유해 사이트나 앱을 차단**해 주고 아이의 일과에 맞게 사용 시간과 데이터, 전화 등의 사용량을 제한할 수 있지.

 문자 메시지와 통화가 가능한 어린이용 스마트 워치도 있어. 아이가 어디에 있는지 알려 주는 기능도 있지.

Q13.

난이도 ★★

다음 중 법적으로 금지된 것은 무엇일까?

A
TV 프로그램을 보고 감상문 적어 올리기

B
TV 프로그램에 나왔던 레스토랑 방문하기

C
TV 프로그램을 녹화해 인터넷에 업로드하기

정답은... C

녹화한 TV 프로그램은 혼자 보도록 하자!

TV 프로그램을 녹화해 인터넷에 업로드하기

인터넷에 업로드하면 안 돼!

TV 프로그램을 녹화해서 개인적으로 보는 것은 괜찮지만, **인터넷에 업로드하는 것은 법을 어기는 행동**이야. **이런 불법적인 동영상은 금방 삭제**돼. TV 프로그램 화면을 캡처*한 이미지나 영상 일부를 편집한 동영상들이 SNS에 자주 올라오는데, 사실 그런 게시물들도 모두 불법이야!

캡처 움직이는 영상에서 원하는 장면을 이미지로 편집하는 일.

 만약 보고 싶었던 TV 프로그램을 놓쳤다면 각 방송사 홈페이지나 앱에서 다시 보기 서비스를 이용해 봐!

Q14.

난이도 ★★

친구의 메시지에 답장할 때 실수하지 않으려면 어떻게 해야 할까?

A 가족에게 물어보기

B 이모티콘 많이 사용하기

C 서둘러 답장 쓰기

정답은...

 엄마와 아빠는 메시지를 많이 보내 본 선배라고!

가족에게 물어보기

문자 메시지나 메일은 얼굴을 보며 이야기하는 것과 달라!

인터넷에서 대화를 주고받으면 직접 만나 대화할 때와 달리 **전달하고 싶은 내용이 잘못 전해져 상대방의 오해를 살 수 있어.** 나는 괜찮아 보여도 말이야. 익숙해질 때까지는 문자 메시지나 메일을 보내기 전에 가족에게 보여 줘 봐. 실수를 줄일 수 있을 거야.

호호호는 하하하라서 히히히야.

조금 더 이해하기 쉬운 말로….

아하~

 '재미있지 않아?'라고 친구에게 메시지를 보내려다가 급히 보내는 바람에 '재미있지 않아.'로 보낼 수도 있어.

Q15.

난이도 ★★

메시지로 대화하면 만나서 얘기하는 것보다 상대방에게 감정을 전달하기 쉽다.

정답은…

메시지를 보낼 때는 이모티콘과 이모지를 활용해 봐♪

만나서 얘기하는 것이 좋아!

메시지를 보내기 전에 한 번 더 읽어 봐!

메시지를 서둘러 작성해서 보내면 **말실수를 할 수도 있으니** 조심해야 해. 만일 문자 메시지나 메일을 주고받다 친구와 사이가 어색해진 것 같다면 일단 친구와 대화를 멈추고 **직접 만나서 이야기해 보자.** 서로의 말을 오해했기 때문인 경우도 많거든.

이모지 감정을 표현하기 위해 사용하는 그림 형태의 문자. 한글이나 특수 문자 등을 조합해서 사용하는 이모티콘과 달리 그림으로 표현한다.

 상대방의 얼굴을 보고 직접 이야기하는 것은 사람과 사람이 소통할 때 매우 중요해. 모든 것을 메시지로 해결하지 않도록 하자!

Q16.

중고 거래 앱이란 무엇일까?

난이도 ★★

A 퍼즐을 풀며 모험하는 게임 앱

B 사진을 보정하는 앱

C 물건을 사고팔 수 있는 앱

정답은...

나에게 필요 없는 물건을 팔거나, 갖고 싶었던 물건을 싸게 살 수 있어!

C 물건을 사고팔 수 있는 앱

인터넷의 재활용품 판매점이라고 할 수 있어!

중고 거래 앱을 이용하면 **나에게는 더 이상 필요 없는 물건을 인터넷으로 다른 사람에게 팔 수 있어.** 갖고 싶었던 물건을 싸게 구입할 수도 있지. 다만 약간의 주의가 필요해. 매장에서 판매하는 상품과 달리 **흠집이 났거나 오염이 있는 등** 상태가 좋지 않은 경우도 많거든.

갖고 싶다!

 중고 거래 앱을 이용할 때는 돈에 관련된 문제에 휘말릴 수 있기 때문에 반드시 부모님과 함께 알아보고 구입해야 해.

Q17.

난이도 ★★★

다음 중 개인 정보는 무엇일까?

A 내가 살고 있는 행성 이름

B 내가 다니고 있는 학교명

C 나의 하루 식사 횟수

정답은...

B 내가 다니고 있는 학교명

인터넷을 사용할 때 개인 정보가 새어 나가지 않도록 조심해야 해.

개인 정보는 인터넷에 업로드하면 안 돼!

이름과 주소, 전화번호, 이메일 주소는 물론이고 자신의 학교명과 가족의 이름, 부모님의 직업 등도 '개인 정보'야. 사실 얼굴이 나온 사진도 개인 정보라고 할 수 있어. 인터넷에 업로드하면 나쁜 사람이 멋대로 사용하기도 하거든. 셀카 등 내 얼굴이 나온 사진을 인터넷에 올릴 때는 한 번 더 생각해 봐!

네코(@neco)
초등학교 4학년, 아빠→학교 선생님, 엄마→슈퍼 과일 코너에서 아르바이트, 여동생→유치원생. 게임을 좋아함.

 좋아하는 음식이나 가수 같은 정보는 어느 한 사람을 지정할 수 있는 정보가 아니기 때문에 개인 정보가 아니야.

Q18.

난이도 ★★★

스마트폰보다
화면이 큰 태블릿 PC가
눈에 더 편하다.

 O

 X

정답은...

TV와 컴퓨터도 스마트폰보다 화면이 크지!

화면은 크면 클수록 좋아!

태블릿 PC로 보면 눈이 더 편해!

스마트폰은 **화면이 작기 때문에 얼굴을 점점 화면에 가까이 대게 돼!** 33쪽에서 배웠던 것처럼 화면은 얼굴에서 일정한 거리를 두고 보는 것이 중요해. 태블릿 PC는 화면이 스마트폰보다 더 크기 때문에 떨어뜨려 놓고 보기에 좋지!

이쪽!

 동영상은 긴 시간 동안 보는 경우가 많으니 될 수 있으면 큰 화면으로 보자!

스마트폰과 태블릿 PC 때문에 시력이 나빠지나요?

 엄마가 '눈 나빠지니까 스마트폰은 사용하면 안 돼.'라고 하시는데….

 스마트폰을 사용하는 어린이가 늘면서 소아 근시*를 겪는 아이들도 점점 늘고 있대.

 그렇구나! 그럼 스마트폰을 하면 안 되는 거야?

 스마트폰을 너무 오랫동안 하지 않는 것이 중요해. 30분 동안 했다면 5분에서 10분은 눈을 쉬게 해 주는 거야!

 그렇구나. 주의해서 사용하면 되는구나!

 맞아! 그리고 바깥에서 놀며 햇볕을 쬐는 것도 중요해. 눈에도 몸에도 좋거든!

 아하, 그렇구나!

근시 먼 곳을 잘 보지 못하는 현상. 주로 스마트폰이나 책을 눈과 가까운 곳에 두고 보는 것이 원인으로 알려져 있다.

오싹오싹 실제 상황
눈 건강 편

건조하고 새빨개진 눈!
통증으로 이어지는 안구 건조증

스마트폰 화면을 계속 바라보면 눈을 깜빡이는 횟수가 줄어들어. 그러면 눈이 건조해지고 새빨개지지! 건조함이 통증을 일으키는 경우도 있으니 조심하자.

수술해야 하는 경우도?!
급성 내사시*는 무서워

오랜 시간 동안 스마트폰을 가까이에서 보면 내사시 증상이 급작스럽게 나타날 수 있어.
사물이 두 개로 보이기도 하는데 이런 증상은 치료가 어려워.

멀리 있는 사물이
잘 보이지 않는 젊은 노안!

스마트폰을 오래 보다가 멀리 있는 곳을 보면 초점이 잘 맞지 않고 흐릿하게 보이는데, 이런 증상을 "젊은 노안"이라고 불러.

내사시 사물을 볼 때 눈동자가 안쪽으로 몰리는 눈.

SNS에서의 규칙과 매너

친구와 SNS로 메시지를 주고받거나
자신이 좋아하는 것들을 업로드하는 등
SNS는 즐거운 일이 가득해!
하지만 규칙과 매너를 모르면
친구와 다투거나 범죄에 휘말릴 수 있어!
즐겁게 SNS를 사용하기 위해
SNS의 규칙과 매너를 퀴즈로 배워 보자!

Q19.

난이도 ★

다음 중 SNS에 개인 정보를 올리면 일어날 수 있는 일은 무엇일까?

A
학교 성적이 떨어진다.

B
현실에서 위험한 일이 생긴다.

C
좋아하는 사람과 사랑이 이루어진다.

정답은...

B 현실에서 위험한 일이 생긴다.

이름, 전화번호, 생년월일 등등. 개인 정보는 아주 다양해!

나쁜 사람이 너의 개인 정보를 노릴지도 몰라!

나쁜 사람이 너의 개인 정보를 손에 넣으면 그 **정보를 이용해 인터넷이 아닌 현실에서 나쁜 짓을 저지를 수** 있어! 실제로 인터넷을 통해 알아낸 개인 정보로 아이를 유괴하는 사건도 발생했대. **나쁜 사람에게 나의 정보가 노출될 가능성을 항상 생각하면서** SNS에 글을 올리고, 친구의 메시지에 답장을 보낼 때는 한 번 더 생각하자.

 현관문, 거실 등이 조금이라도 나온 사진을 올리면 누군가가 게시물 작성자의 집이 어느 동네인지 알아낼 수도 있어!

이런 사진, 업로드해도 될까? 안 될까? ❶

학교에서 받은 상장을 찍어 SNS에 업로드하기

이름이 적힌 상장, 공책 표지 등은 방심하고 인터넷에 올리기 쉬워. 하지만 이름도 개인 정보이니 조심해야 해!

지하철 풍경을 찍어 SNS에 업로드하기

지하철역 이름이 드러나 게시물 작성자가 어디에 있는지 나쁜 사람이 알아낼 수 있어.

맑은 하늘을 찍어 SNS에 업로드하기

위치를 알아낼 수 있는 주변 건물이 찍히지 않았다면 하늘 풍경을 찍은 사진은 개인 정보로 볼 수 없기 때문에 올려도 괜찮아.

이런 사진, 업로드해도 될까? 안 될까? ❷

친구의 SNS에 친구 이름을 적은 게시물 올리기

친구의 이름을 SNS 게시물이나 댓글로 써서는 안 돼!

직접 만든 쿠키를 찍어서 SNS에 업로드하기

쿠키만 찍어서 올리는 것은 괜찮아! 단, 사진에 집 안이 찍히지 않도록 주의해야 해!

생일날에 셀카 찍어서 SNS에 업로드하기

자신의 얼굴과 생일이 노출될 수 있기 때문에 업로드하면 안 돼! 케이크나 생일을 축하하기 위해 꾸민 장식은 괜찮아!

Q20.

난이도 ★

다음 중 SNS를 통해 친구를 맺으면 안 되는 사람은 누굴까?

A

가족

B

같은 반 친구

C

친구의 친구

정답은…

나이를 속이고 초등학생인 척하는지도 몰라!

C 친구의 친구

친구의 친구는 친구가 아니야!

SNS 팔로우 수가 많으면 멋있어 보일 거라는 생각에, 모르는 사람과 쉽게 친구를 맺을 수도 있어. 모르는 사람은 위험하기 때문에 **실제로 만난 적이 있는 사람하고만 SNS 친구를 맺는 것**이 좋아.
최근 SNS로 친구를 맺은 다음 거짓말로 어린이를 밖으로 불러내는 사건이 일어났대. 어린이를 속이는 나쁜 어른들도 있으니 조심해야겠지?

SNS는 현실에서 알고 지내는 친구들과 소통하는 곳으로 활용하자.

Q21.

난이도 ★★

SNS에 업로드할 때 주의해야 할 사진은 다음 중 무엇일까?

A 집 베란다에서 찍은 무지개 사진

B 가게에서 찍은 햄버거 사진

C 동물원에서 찍은 코끼리 사진

정답은…

집 주변에서 사진을 찍을 땐 특히 주의가 필요해!

A 집 베란다에서 찍은 무지개 사진

집의 위치가 알려질 수 있는 건물이 찍히지 않도록 주의해야 해!

집 주변에 있는 건물이나 간판 등이 찍힌 사진을 업로드하면 그 사진을 본 누군가가 게시물 작성자의 집이 어디에 있는지 알아낼 수도 있어. SNS에 업로드하기 전에 사진을 차근차근 확인하자!

공원에서 찍은 사진은 괜찮을까? 공원 이름이 나와 있지 않더라도 벤치, 운동 기구 등의 위치로 공원 이름을 알아낼 수도 있어.

TV 프로그램을 녹화해 동영상 공유 사이트에 업로드하면 문제가 될 수 있다고?!

 TV 프로그램이 너무 재미있어서 녹화했는데, 모두에게 보여 주고 싶어! 녹화해 논 것을 인터넷에 업로드해도 될까?

TV 프로그램은 방송국의 것이기 때문에 마음대로 업로드하면 '저작권 침해*'야. 예를 들어 설명해 줄게. 네가 쓴 글이 마음대로 어딘가에 올라가 있으면 싫겠지?

 응. 그건 정말 싫을 것 같아….

저작권 침해는 법을 어기는 것이기 때문에 벌금을 내거나 심한 경우에 경찰서에 가게 될 수도 있어!

 그럼 동영상 공유 사이트에 올라온 TV 프로그램을 보기만 하는 건 괜찮아?

보기만 하는 건 괜찮아. 하지만 다운로드 후 다른 사람에게 공유하면 문제가 생길 수 있어!

저작권 침해 창작자의 허락 없이 창작물을 이용하여 창작자의 권리에 해를 끼치는 행위.

친한 친구와 함께 찍은 사진, SNS에 업로드해도 괜찮을까?

 친구와 찍은 사진이 잘 나와서 SNS에 올리려고!

잠깐만! 그 친구한테 허락은 받았어?

 허락은 받지 않았지만 친구가 잘 나왔으니까 괜찮지 않을까!

다른 사람이 찍힌 사진을 자기 핸드폰에 저장하고 보는 건 괜찮아. 하지만 사진을 허락 없이 업로드하면 '초상권*'을 침해하는 거야.

 아, 정말? 그러면 친구가 허락하면 괜찮아?

그럼 괜찮지! 그런데 얼굴이 찍힌 사진과 이름은 모두 개인 정보니까 될 수 있으면 올리지 않는 것이 좋아.

 몰랐어! 친한 친구끼리는 괜찮을 줄 알았어.

친한 친구 사이일수록 더 조심하자!

초상권 사람의 얼굴이나 모습이 사진에 나타났을 때 갖는 권리.

Q22.

난이도 ★★

SNS에도 왕따가 있다.

정답은…

왕따는 절대 안 돼! 왕따를 당하는 친구의 마음을 상상해 봐.

왕따는 인터넷에도 존재해.

따돌림은 인터넷에서도 일어나고 있어

현실뿐만 아니라 인터넷에서도 왕따는 존재해. 모두가 참여한 채팅방에서 특별히 한 사람만 무시한다거나, 공식적인 채팅방 말고 비밀 그룹 채팅방을 만들어서 한 사람을 헐뜯는 등의 행동이 모두 따돌림에 속하지. 또 따돌림 당하는 사람이 민망해할 만한 사진을 찍어서 SNS에 올리는 행동도 포함돼.

 만약 자신이 속한 그룹 채팅방에서 집단 따돌림을 발견한다면 부모님께 빨리 알리는 것이 좋아.

Q23.

난이도 ★★

패스워드는 까먹지 않도록 이름이나 생일같이 떠올리기 쉬운 것으로 설정한다.

정답은...

닉네임*이나 반려동물 이름으로 만든 패스워드도 알아채기 쉬워.

알아내기 쉬운 조합은 안 돼!

자신만의 암호니까 소중히 여기자!

패스워드를 이름이나 생일같이 떠올리기 쉬운 것으로 설정하면 **누군가가 내 계정에 멋대로 로그인**할 수도 있어! **추측하기 어려운 패스워드로 설정**하고 아무도 안 볼 만한 공책에 적어 놓는 거야. 그리고 아무리 친하더라도 친구와 패스워드를 알아맞히는 게임을 하거나 친근함의 표시로 패스워드를 알려 주는 행동을 해선 안 돼!

닉네임 동호회, 인터넷 등의 가상 공간 따위에서 실명 대신 사용하는 이름.

 위험한 패스워드 예시:
자신의 이름, 이름과 생일 조합, 같은 숫자 반복, 같은 문자 반복 등.

Q24.

난이도 ★★★

SNS에서 "답장을 빨리 해야 해!", "미움 받고 싶지 않아." 등 친구들의 평가가 신경 쓰여 쫓기는 느낌을 받는 것은?

A SNS 과로 증후군

B SNS 피로 증후군

C SNS 집단 괴롭힘 증후군

정답은…

B

 사람들의 반응이 신경 쓰여 안절부절못하는 것을 말해.

SNS 피로 증후군

SNS는 즐기는 것! 괴롭다면 하지 않아도 괜찮아!

만약 SNS 피로 증후군에 걸린 것 같다면 **SNS에서 벗어나는 것이 가장 좋아!** "우리 집은 '밤 9시까지만 스마트폰을 한다'는 규칙을 정해 지키고 있어."라고 친구에게 미리 이야기해 봐. 친구도 답장이 빨리 오지 않는 걸 이해해 줄 거야.

 남자아이들보다 여자아이들이 SNS 피로 증후군에 더 쉽게 걸린대! 가끔은 SNS에서 벗어나서 노는 것도 좋아!

> 조금 어려운 문제야!

SNS는 몇 살부터 이용할 수 있을까?

Q25.

난이도 ★★★

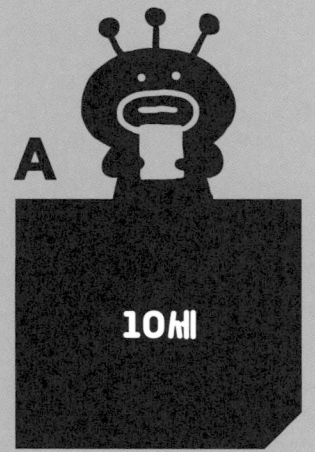

A
10세

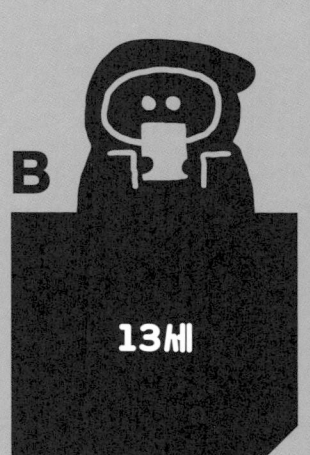

B
13세

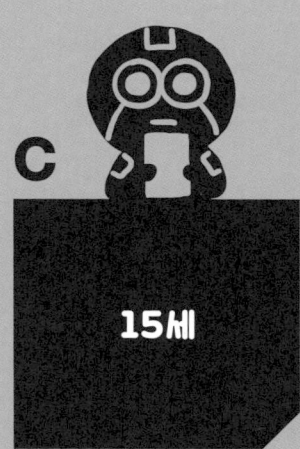

C
15세

정답은...

C

SNS를 몇 살부터 사용할 수 있는지 잘 모르는 어른들도 많아.

15세

스스로 사용할 수 있는 나이가 될 때까지는 부모님과 함께 즐겨야 해!

SNS 회사에서는 사용자의 나이에 제한을 두고 있어. **가입할 때 보면 "서비스를 사용하려면 만 ○○세 이상이어야 합니다."라고 나와 있지.** 정해진 나이보다 어린아이나 청소년은 부모님의 보호 아래에서 SNS를 사용해야 해. 페이스북과 인스타그램은 **15세가 되기 전까지 부모님과 함께 즐기도록 하자!**

몰래 로그인해 볼까!

히익!

 SNS 때문에 어린이들이 범죄에 휘말리는 경우가 많아졌대. 절대 어른들 몰래 사용해선 안 돼!

인터넷과 게임에 관한 문제

뉴스에서 많이 들었겠지만,
최근 인터넷이나 온라인 게임을 통해
일어나는 범죄가 매우 늘어나고 있어.
최악의 경우 큰돈을 빼앗기거나
유괴를 당하기도 한대.
이런 일을 당하지 않도록
퀴즈를 풀면서 인터넷과 게임에 대한
올바른 지식을 쌓아 보자!

Q26.

난이도 ★

스마트폰을 잃어버렸어! 무엇을 이용해야 찾을 수 있을까?

A 날씨 예보

B 뉴스

C 위치 정보

정답은…

'GPS'라고도 하는데, 들어 본 적 있을걸?

C 위치 정보

스마트폰의 위치를 알려 주는 편리한 정보야

스마트폰이 어디에 있는지 확인할 수 있는 정보를 **'위치 정보'**라고 해. 스마트폰으로 인터넷을 사용하려면 전국 곳곳에 설치된 기지국*의 안테나를 이용해야 해. 그 **기지국의 위치를 확인**하면 스마트폰이나 스마트폰 사용자가 어디에 있는지 찾아낼 수 있지.

GPS

여기야~

기지국

기지국 전파를 주고받는 기능을 하는 작은 통신 기관.

위치 정보 시스템을 활용하면 재해가 발생했을 때 사람들을 재빨리 구조할 수 있어! 하지만 다른 사람에게 나의 위치가 노출될 수도 있지.

Q27.

난이도 ★

SNS나 인터넷 게시판에 올라온 글이나 사진에 대해 안 좋은 내용으로 남긴 댓글을 뭐라고 부를까?

A 무플

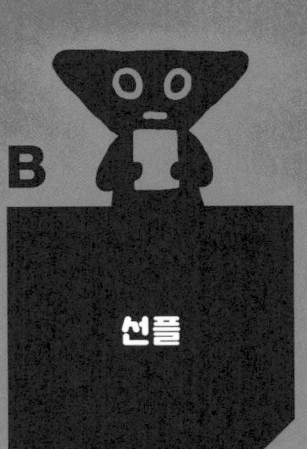

B 선플

C 악플

정답은... C

한번 떠들썩해지면 좀처럼 가라앉질 않지.

악플(악성 댓글)

불이 타오르 듯 거센 욕설이나 비난으로 번지기도 해

출입 금지인 곳에 들어가 찍은 사진이나 거짓말로 꾸며 낸 글을 SNS에 올리면, 불꽃이 거세게 타오르듯 사람들이 몰려들어 비난하는 댓글을 달기도 해. 그런 좋지 않은 내용의 댓글을 악플이라고 하지.

 나쁜 의도가 없이 쓴 글에도 악플이 달릴 수 있으니 주의해야 해!

인터넷에서 다툼이 일어났을 때, 나를 보호하려면 어떻게 해야 할까?

다른 사람을 깎아내리는 댓글 쓰지 않기
다른 사람의 취향이나 외모에 대해 좋지 않은 내용의 댓글을 달아서는 안 돼! 그 사람이 상처를 받아 너를 괴롭힐 수도 있어!

글을 쓸 때 주의하기
장난으로 글을 올려서는 안 돼. 폭발물을 터트리겠다 같은 내용으로 말이야. 실명으로 글을 쓰지 않더라도 경찰이 조사하면 작성자를 바로 알 수 있거든.

스크린 숏*으로 증거 남기기
자신의 글에 좋지 않은 댓글이 달리면 스크린 숏으로 증거를 남기고 어른에게 알리자.

스크린 숏 한 화면이나 창의 이미지를 저장하거나 복사한 화면.

사이버 폭력이란?

 인터넷을 하다 보면 너무 즐거워서 시간 가는 줄 모르겠어.

인터넷을 하는 게 마냥 즐거운 일은 아닐 수도 있어. 최근에는 '사이버 폭력'도 많이 발생하거든.

 사이버 폭력? 그게 정확히 뭐야?

입에 담을 수 없는 글로 한 사람을 괴롭히거나 수치심이 들 만한 사진을 인터넷 게시판이나 SNS에 올려서 괴롭히는 행동을 말해.

 정말 무서운 거구나! 어떻게 해야 사이버 폭력을 피할 수 있을까?

내가 조심해도 사이버 폭력의 피해자가 될 수 있어. 쉽지 않겠지만 조금 이상하다는 생각이 들면 곧바로 부모님이나 담임 선생님과 상의하는 걸 추천해.

Q28.

난이도 ★

컴퓨터 작동을 방해하거나 저장된 데이터와 프로그램을 파괴하는 것은?

A 바늘

B 바이킹

C 바이러스

정답은…

현실처럼 디지털 세계에도 바이러스가 있어.

C 바이러스

감기 바이러스와 비슷해

감기 바이러스가 몸속에 들어오면 열이 오르거나 기침이 나오지? 마찬가지로 스마트폰이나 컴퓨터의 세계에도 바이러스가 존재해. 컴퓨터 바이러스는 나쁜 의도로 만들어진 프로그램인데, **개인 정보를 훔치거나 마음대로 스마트폰을 조작하는 등 못된 짓을 해.**

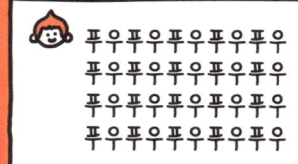

 컴퓨터 바이러스는
스팸 메시지에 숨어 있는 경우가 많아!

Q29.

난이도 ★

동영상 공유 사이트에 올라온 동영상은 모두 진실이다.

정답은...

진실인지 거짓인지를 판단하는 일은 꽤 어려워!

그렇지 않아!

돈을 벌기 위해 거짓말을 하는 사람도 있어!

유튜브 같은 동영상 공유 사이트에는 유익하거나 재미있는 동영상들이 많아. 하지만 그중에는 **거짓 내용이 담긴 영상도 있어**. 나쁜 방법을 이용해 재생 횟수를 늘려 돈을 버는 게시자도 있고. 그래서 **동영상에 등장하는 사람들이 하는 말이 모두 옳다고 생각하는 것은 굉장히 위험해.** 먼저 부모님과 함께 동영상을 볼 때 지켜야 할 규칙을 정하고, 그 규칙을 따르면서 동영상을 즐기는 건 어떨까?

 동영상 공유 사이트에서 영상을 보다가 궁금한 게 생기면 어른들에게 물어 봐. 진실인지 거짓인지 확인해 줄 거야!

Q30.

난이도 ★

온라인 게임에서 아이템을 구입하기 위해 돈을 내는 것을 무엇이라고 할까?

A 유료 결제

B 무료 결제

C 재결제

정답은…

처음에는 '천 원만 하지 뭐.'라고 생각하지만 점점 더 사고 싶어지지….

유료 결제

지나친 유료 결제를 주의하자!

게임을 하다 보면, 너무 재미있어 게임 아이템을 유료로 결제할 수도 있지. 하지만 어느 순간 자기도 모르게 큰돈을 결제하고 부모님께 걱정을 끼치게 될지도 몰라. 그러니 **절대로 부모님 몰래 게임 아이템을 결제하면 안 돼!** 기프트 카드*를 활용하면 결제 금액을 제한할 수 있으니 알아 두라고!

기프트 카드 백화점이나 상점, 인터넷 쇼핑몰 따위에서 정해진 금액만큼 현금처럼 사용할 수 있는 카드.

 부모님 카드로 몰래 게임 아이템을 720만 원이나 결제한 청소년도 있었어.

유료 결제 전 지켜야 할 3가지 약속

결제가 필요한 상황일 때는 반드시 어른과 상담하기

게임을 하다 유료 아이템이 꼭 필요하다는 생각이 든다면 마음대로 결제하지 말고 부모님께 먼저 물어봐야 해.

용돈으로 기프트 카드 구입하기

편의점 같은 곳에서 게임 아이템을 결제할 때 쓸 수 있는 기프트 카드를 팔아. 용돈으로 기프트 카드를 구입해 사용하면 한번에 많은 돈을 쓰지 않을 수 있어.

한 달에 얼마만큼 결제할 건지 유료 결제 규칙 정하기

한 달에 게임 아이템 유료 결제로 얼마를 사용할지 규칙을 정해 보자. 규칙을 지키는 모습을 보여드리면 부모님도 허락해 주실 거야.

유료 결제로
희귀* 게임 아이템을 사도 괜찮을까?

 친구 중에 희귀 게임 아이템이 엄청 많은 애가 있는데 정말 부럽더라.

그럴 수 있지. 하지만 게임 회사는 유료 결제를 반복하도록 다양한 이벤트를 열거나 새로운 캐릭터와 아이템을 만들어. 그래서 한번 결제하기 시작하면 멈추기가 어렵지.

 그렇구나…. 하지만 희귀 게임 아이템을 갖고 있으면 다른 친구들이 '멋있어! 대단해!'라며 부러워하잖아.

희귀 아이템을 가진 친구가 부러운 기분은 잘 알겠지만, 유료 결제를 해서 희귀 아이템을 산 아이가 진짜 멋지거나 대단한 건 아냐. 유료 결제로 지불하는 돈은 부모님이 힘들게 일해서 버신 돈이야. 그걸 생각한다면 조금 더 생각하고 돈을 써야겠지?

 그러네. 받은 용돈 범위 안에서 사야겠어!

희귀 드물어서 특이하거나 매우 귀함.

Q31.

난이도 ★

자전거를 타면서 스마트폰을 하는 건 불법이다.

 O

 X

정답은...

스마트폰은 안전한 장소에 멈춰서 봐야 해!

절대 하면 안 돼!

자전거를 타면서 스마트폰을 사용하면 벌금을 물 수 있어

스마트폰을 사용하며 자전거를 타는 것은 『도로 교통법』 위반이기 때문에 **3만 원의 과태료**[*]를 내야 해.

과태료 국가 또는 지방 자치 단체가 질서를 위반한 행동에 대해 거두는 돈.

 나뿐만 아니라 다른 사람도 다치게 할 수도 있으니 절대로 자전거를 타면서 스마트폰을 보면 안 돼!

Q32.

난이도 ★

SNS로 알게 된 친구가
선물을 주는 대신
나의 사진을 보내라고 할 때
보내 주어도 상관없다.

정답은…

실제로 만난 적 없는 사람과 SNS에서 친구를 맺지 않는 것이 좋아!

보내면 안 돼!

SNS 친구가 사실은 범죄자일 수도 있어!

SNS에서 친구를 맺었지만 실제로는 한 번도 만난 적이 없다면 그 사람이 어떤 사람인지 알 수 없지. 어쩌면 **그 사람은 어린 아이들을 유괴하려는 범죄자일지도 몰라.** **나쁜 어른이 같은 학년이라고 속여** 초등학생에게 접근해 SNS 친구를 맺기도 하거든. 그렇기 때문에 본 적 없는 SNS 친구가 선물을 보내 준다고 해도 절대 믿어서는 안 돼.

 받은 사진을 나쁜 일에 사용할 수도 있으니 사진을 보내면 안 돼!

SNS에서 지켜야 할 5가지 안전 규칙

QR 코드 흑백의 격자무늬 그림으로 여러 가지 정보를 나타내는 바코드.

오싹오싹 실제 상황
SNS 편

'죽고 싶어.'라는 SNS 글이 현실이 된 사건
SNS에 죽고 싶다는 게시글을 올렸다가 모르는 사람이 '죽여 줄게!'라는 메시지를 보내오는 경우도 있었대.

온라인 게임을 통한 납치 사건
온라인 게임 채팅으로 알게 된 어른이 거짓말을 해 어린이를 유인하고 납치한 사건도 있었어!

아이돌의 정보를 이용해 사기를 치는 사건
SNS에서 아이돌의 비밀 정보를 판매한다는 사람에게 돈을 부쳤더니 '○○역 근처의 아파트를 좋아한다.' 같은 하찮은 정보를 제공해 돈을 가로채기도 했대.

Q33.

난이도 ★

유해 사이트나
광고를 차단하기 위해서
설정해야 하는 기능은
'사이클링'이다.

정답은...

필터링 기능은 무료로 이용할 수 있어.

필터링이라고 해.

필터링 기능으로 안전하게 인터넷을 사용할 수 있어!

필터링 기능은 **유해한 사이트나 광고로부터 어린이들을 보호**해 줘. 스마트폰을 구입하고 필터링 기능을 이용하려면 스마트폰 관리 앱을 부모님 스마트폰과 아이의 스마트폰에 각각 설치하면 돼. 통신사마다 필터링 기능 제공 앱 이름이 다르니 잘 알아보자!

필터링 기능은 자녀의 현재 위치를 알려 주는 등 다양한 기능을 제공해.

Q34.

난이도 ★★

밤에 잠들기 직전까지 스마트폰을 사용하면 어떤 일이 일어날까?

A 아침에 잘 일어난다.

B 깊이 잠들지 못한다.

C 시력이 좋아진다.

정답은…

B

잠을 깊게 못 자면 수업에 집중할 수 없어.

깊이 잠들지 못한다.

스마트폰 화면에서 나오는 빛은 매우 자극적이야

스마트폰 화면에서는 '블루라이트'라는 파란 빛이 나오는데, 그 빛은 우리 눈에 강한 자극을 줘. 잠들기 직전까지 스마트폰을 보면 **블루라이트의 영향으로 바이오리듬*이 흐트러져서 깊은 잠을 잘 수 없어.**

잠이 안 와….

바이오리듬 신체, 감정, 지성 등에 주기적으로 나타나는 일정한 현상.

 블루라이트는 컴퓨터 모니터나 TV에서도 나와.
자기 전에 최대한 눈을 쉬게 해 줘야 푹 잘 수 있어.

104

Q35.

난이도 ★★

다음 중 개인 정보가 유출되기 가장 쉬운 것은?

A 문자 메시지

B 사진

C 동영상

정답은...

동영상 속 소리에도 개인 정보가 숨어 있어!

C 동영상

동영상은 개인 정보가 유출되기 쉬워!

문자 메시지보다는 사진, 사진보다는 동영상이 개인 정보가 유출되기 쉬워. 동영상을 촬영할 때 장소를 알 수 있는 소리가 함께 녹음될 수 있거든. 또 본인은 공개되길 원하지 않는데 친구가 마음대로 동영상이나 사진을 올리는 경우도 있기 때문에 서로 조심해야 해!

일몰 차임 일본에서 각 마을마다 시간을 알리기 위해 트는 음악으로, 어린 아이들에게 집으로 돌아갈 시간을 알려 준다. 재해와 재난이 발생했을 때를 대비하기 위한 용도기도 하다.

나의 SNS에 친구들의 사진이나 친구와 함께 찍은 사진을 올릴 때에는 먼저 사진에 나온 친구들에게 허락을 구하는 습관을 기르자!

Q36.

난이도 ★★

'바이러스에 감염됐다!' 라는 말은 무슨 뜻일까?

A

재채기 때문에 스마트폰 상태가 안 좋아졌다.

B

나쁜 프로그램이 작동해 스마트폰이 망가졌다.

C

스마트폰의 온도가 오르락내리락 한다.

정답은...

B 나쁜 프로그램이 작동해 스마트폰이 망가졌다.

바이러스가 무엇인지는 87쪽과 88쪽을 살펴봐!

바이러스 감염 대비는 확실하게!

바이러스는 무료로 다운받은 게임이나 동영상, 스팸 메일 같은 곳에 숨어 있다가 컴퓨터나 스마트폰을 감염시켜. 바이러스에 감염되면 저장해 둔 데이터가 유출될 수 있어. 또 스마트폰과 컴퓨터가 제멋대로 작동할 수도 있지. 이런 일을 예방하려면 백신 소프트웨어를 다운로드받아 설치하고 유해한 사이트는 접속하지 말아야 해.

 악성 앱 설치로 바이러스에 감염되는 경우도 있어. 앱을 받을 땐 먼저 부모님께 물어보도록 하자.

Q37.

난이도 ★★

위치 정보 기반 게임을 집 밖에서 하면 스몸비*가 될 수 있다.

스몸비 스마트폰과 좀비의 합성어로 길거리에서 스마트폰을 보며 주변을 살피지 않고 걷는 사람을 말함.

정답은...

위치 정보 기반 게임을 'GPS 기반 게임'이라고 부르기도 해.

나도 모르는 사이에 스마트폰 화면에 눈이 가기 쉬워!

스마트폰을 보면서 걷는 아이들이 많아!

위치 정보를 이용하는 게임 중에는 걸어 다니며 즐겨야 하는 것도 많아. 이런 게임들은 **스몸비의 원인**이 되기도 해. 교통사고가 일어나는 등의 문제가 발생하지 않도록 혼자 있을 때는 위치 정보 기반 게임을 하지 않는 것이 좋아. 정 하고 싶다면 가족과 산책하면서 하는 건 어떨까? 위험할 때 도움을 받을 수 있도록 말이야.

 상대방이 게임에서 지면 화를 참지 못해 복수하는 경우도 있기 때문에 부모님과 함께 즐기는 게 좋아.

Q38.

'피싱'이란 무엇일까?

난이도 ★★

A
개인 정보를 가로채는 행동

B
전화로 돈을 부치라고 강요하는 행동

C
낚시하자고 제안한 뒤 가지 않는 행동

정답은…

'피싱'은 '낚시(fishing)'라는 뜻의 영단어야.

A 개인 정보를 가로채는 행동

무심코 클릭하게 만드는 스팸 메시지를 주의해!

믿을 수 있는 회사인 척하며 메일이나 문자 메시지를 보내 **패스워드나 은행 계좌 번호 등의 개인 정보를 입력하도록 유도하는 사기**를 '피싱'이라고 해. '이게 무슨 소리지?'라는 생각이 들면 피싱일 가능성이 높아! 이런 메일이나 문자 메시지는 클릭하는 것만으로 개인 정보가 빠져나갈 위험이 있으니 절대 클릭해서는 안 돼! 만약 스스로 판단하기 어려울 때에는 어른들에게 물어보렴!

 연예인이나 유명인인 척하면서 문자 메시지나 메일을 보내기도 해.

오싹 오싹 실제 상황
피싱 사기 편

SNS의 로그인 화면과 꼭 닮은 화면
메일이나 문자 메시지를 보내 실제 SNS 로그인 화면과 똑같이 만든 화면에 아이디와 패스워드를 입력하게 해. 자세히 살펴보면 실제 SNS 로그인 화면과 다른 부분이 있어.

검색 사이트의 로그인 화면과 똑같은 화면
SNS 피싱 사기처럼 검색 사이트의 로그인 화면처럼 보이도록 꾸민 경우도 있어. 이때도 절대로 아이디와 패스워드를 입력하면 안 돼!

경고 문구가 떠 있는 쇼핑몰 홈페이지 화면
실제 쇼핑몰 사이트인 것처럼 꾸민 뒤 '당신의 계정은 정지되었습니다.'라는 경고 문구를 띄워 아이디와 패스워드를 입력하도록 만드는 경우가 있어. 경고 문구에 해당하지 않는다면 무시해도 돼!

오싹오싹 실제 상황
스팸 메시지 편

상금 당첨 안내 메시지
상금에 당첨되었다는 거짓 메시지를 받고 무심결에 이메일 주소나 전화번호 등을 적어 답장하면 내 개인 정보가 나쁜 곳에 쓰일 수도 있어.

아이돌이 보낸 척하는 메시지
누가 들어도 알 만한 아이돌이나 유명인이 보낸 것 같은 스팸 메시지도 있어. 답장만 해도 개인 정보가 유출될 수 있으니 주의해야 해!

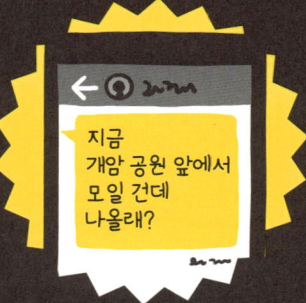

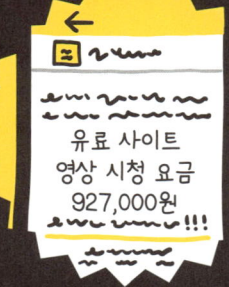

돈을 입금하도록 협박하는 메시지
다 읽을 수 없을 만큼 빼곡하게 적힌 메시지 속에 돈을 보내라고 협박하는 내용이 포함되어 있기도 해. 이럴 땐 곧바로 어른에게 알리자.

Q39.

난이도 ★★

스팸 메시지에 보내지 말라고 답장하면 더 이상 오지 않는다.

 정답은...

 답장이 무시보다 더 무서운 행동이야!

답장을 하면 안 돼!

한 번이라도 스팸 메시지에 답장하면 계속해서 받게 될지도 몰라

전화번호가 알려지면 **여기저기에서 스팸 메시지를 받을 수도 있으니** 절대로 답장을 보내서는 안 돼.

 이상한 내용의 메시지는 모두 무시하자!
부모님에게 혼날까 봐 걱정하지 말고 바로 이야기해.

Q40.

난이도 ★★★

스마트폰이 항상 신경 쓰이고 인터넷을 못하면 불안한 상태를 무엇이라고 할까?

A 스마트폰 중독

B 스마트폰 증후군

C 스마트폰 괴롭힘

정답은...

스마트폰 중독과 비슷한 증상을 보이는 인터넷 중독, 게임 중독도 있어.

스마트폰 중독

실생활을 즐기자 ♪

스마트폰에 중독되면 아침에 잘 일어나지 못하고 심하면 학교에 가지 못할 수도 있어. 인터넷에만 빠져 있지 말고 친구들과 밖에서 뛰어놀기도 해야 해.

 가족과 함께 규칙을 만들고 지켜 봐. 스마트폰에서 벗어나 보는 거야!

> 얼마나 맞혔는지 계산해 봐!

맞힌 개수에 따라 초보자, 중급자, 숙련자로 나뉘어!

0~12개

인터넷 초보자

인터넷을 이제 막 배우기 시작했구나! 인터넷 숙련자를 목표로 모든 퀴즈를 복습해 봐!

13~29개

인터넷 중급자

인터넷 숙련자 단계가 코앞에 있군! 어느 부분이 헷갈렸는지 확인하고 다음에는 꼭 만점을 받자 ♪

30~40개

인터넷 숙련자

축하해! 인터넷 지식이 최고 수준이구나? 그렇다면 친구들에게 이 책의 퀴즈를 활용해 인터넷에 대해 알려 주자!

곤란한 상황에 어른들에게

수상한 문자 메시지가 도착했다!

SNS로 모르는 사람이 연락했다!

인터넷은 복잡하기 때문에 어른들도 속을 수 있어! 그래도 어렵거나 곤란한 상황이 생긴다면 곧바로 어른에게 이야기해야 해!

빠지면 알리자!

갖고 싶은 게임 아이템을 마음대로 결제했다!

그룹 채팅에 껴 주지 않는다….

부모님에게

스마트폰은 정말 재미있는 도구입니다. 하지만 부모 입장에서는 아이가 너무 깊게 스마트폰에 빠질까 봐 항상 걱정이 들기 마련이죠. 또한 인터넷이 아이들에게 안전한 공간이라고 장담할 수 없는 것도 부모님이 불안해하는 이유 중 하나라고 생각합니다.

하지만 앞으로 펼쳐질 시대는 스마트폰과 컴퓨터 그리고 인터넷을 사용하지 않고는 살아갈 수 없을 거예요. 음식을 만드는 법을 알려 주듯 차근차근 가까이서 아이들에게 인터넷과 기기 사용법을 가르쳐 줍시다. 디지털 기기 사용법은 아이들이 더 빨리 배우겠지만 인터넷 너머의 거짓말이나 범죄를 알아차리는 것은 어른들만이 할 수 있습니다.

아이가 고민을 털어놓을 때를 대비해 평소 스마트폰이나 인터넷에 대해 미리 공부하는 것도 중요합니다. 모르거나 헷갈릴 때에는 아이와 함께 알아보는 것도 좋아요.

너무 두려워하지 말고 아이와 함께 정보의 바다 인터넷에서 즐거운 모험을 하는 건 어떨까요? 이 책이 부모님과 아이들 모두의 안전한 여행 길잡이가 되기를 바랍니다.

IT 저널리스트 스즈키 토모코

스마트폰 & 인터넷 이용 규칙

1. 스마트폰은 밤 9시까지 하기
(나이에 따라, 스마트폰 이용 목적에 따라 달라질 수 있음)

2. 스마트폰과 태블릿 PC는 거실에서만 사용하기
(화장실이나 자신의 방에는 가지고 들어가지 않기)

3. 이름, 학교명, 주소 등의 개인 정보를 인터넷에 올리지 않기

4. 부모님이나 친구들에게 보여 주었을 때 부끄러울 만한 내용의 동영상, 사진, 게시 글을 인터넷에 올리지 않기

5. 다른 사람의 사생활에 대해 올리지 않기

6. 잘 알지 못하는 SNS 친구를 직접 만나러 나가지 않기

7. 인터넷 결제를 할 때는 반드시 부모님과 상의하기

8. 부모님이 정한 나이가 될 때까지 스마트폰 필터링 앱 사용하기

9. 앱이나 동영상, 사진 등을 마음대로 내려받지 않기

10. 다른 사람의 글이나 동영상, 사진 등을 허락 없이 사용하지 않기

11. 스마트폰 비밀번호(PIN, 패턴 등)는 부모님께만 공유하기

12. 조금이라도 곤란한 상황이나 궁금한 것이 생기면 부모님께 이야기하기

※ 위의 예시를 참고해 각 가정만의 규칙을 정해 지켜 봅시다.

초등학생을 위한
퀴즈로 배우는 인터넷 규칙

초판 1쇄 인쇄 2022년 3월 11일
초판 1쇄 발행 2022년 3월 18일

감수 스즈키 토모코 **제작** 퀴즈 법인 카프리티오
옮김 김보경

펴낸곳 도서출판 개암나무(주)
펴낸이 김보경
경영관리 총괄 김수현 **경영관리** 배정은
편집 조원선 서진 **디자인** 김효정 **마케팅** 신종연
출판등록 2006년 6월 16일 제22-2944호

주소 서울특별시 용산구 한남대로40길 19, 4층(한남동, JD빌딩) (우)04417
전화 (02)6254-0601, 6207-0603 **팩스** (02)6254-0602 E-mail gaeam@gaeamnamu.co.kr
개암나무 블로그 http://blog.naver.com/gaeamnamu **개암나무 카페** http://cafe.naver.com/gaeam

クイズでわかる小学生からのネットのルール
© SHUFUNOTOMO CO., LTD. 2020
Originally published in Japan by Shufuntomo Co., Ltd
Translation rights arranged with Shufunotomo Co., Ltd.
Through Eric Yang Agency
Korean translation copyright©2022 GAEAMNAMU

이 책의 한국어판 저작권은 에릭양 에이전시를 통한 저작권자와의 독점 계약으로 개암나무㈜에 있습니다.
저작권법에 의해 한국 내에서 보호를 받는 저작물이므로 무단 전재와 무단 복제를 금합니다.

ISBN 978-89-6830-699-0 77030

품명 아동 도서 | **제조년월** 2022년 3월 18일 | **사용연령** 8세 이상
제조자명 개암나무(주) | **제조국명** 대한민국 | **전화번호** 02-6254-0601
주소 서울특별시 용산구 한남대로40길 19, 4층(한남동, JD빌딩)